Dem lieben Täufling

zu Ehren:
Ein Gästebuch zur Erinnerung
an Deinen besonderen Tag!

Ort & Datum

_____

Name

Wünsche

_____

_____

_____

_____

_____

_____

Das schönste Foto

_____

Name

Wünsche

_____

_____

_____

_____

_____

_____

_____

Das schönste Foto

Name

Wünsche

Das schönste Foto

Name

Wünsche

Das schönste Foto

Name

Wünsche

Das schönste Foto

Name

Wünsche

Das schönste Foto

Name

Wünsche

Das schönste Foto

Name

Wünsche

Das schönste Foto

Name

Wünsche

Das schönste Foto

Name

Wünsche

Das schönste Foto

Name

Wünsche

Das schönste Foto

Name

Wünsche

Das schönste Foto

Name

Wünsche

Das schönste Foto

Name

Wünsche

Das schönste Foto

_____

Name

Wünsche

_____

_____

_____

_____

_____

_____

_____

Das schönste Foto

Name

Wünsche

Das schönste Foto

Name

Wünsche

Das schönste Foto

Name

Wünsche

Das schönste Foto

Name

Wünsche

Das schönste Foto

Name

Wünsche

Das schönste Foto

Name

Wünsche

Das schönste Foto

Name

Wünsche

Das schönste Foto

Name

Wünsche

Das schönste Foto

Name

Wünsche

Das schönste Foto

Printed in Poland
by Amazon Fulfillment
Poland Sp. z o.o., Wrocław

19204321R00029

ISBN 9781093934465

9 781093 934465

90000